FALKEN
FARBIG

UDO
40

Christa Riess

Kerzen und Wachsbilder

gießen · modellieren · bemalen

FALKEN VERLAG

Seite 2: Selbsthergestellte Kerzen und Wachsreliefs, bemalt und mit Schmuckelementen verziert oder patiniert

CIP-Kurztitelaufnahme der Deutschen Bibliothek

Riess, Christa:
Kerzen und Wachsbilder: gießen, modellieren,
bemalen/Christa Riess.
– Niedernhausen/Ts.: Falken-Verlag, 1980
(Falken farbig)
ISBN 3-8068-5108-5

ISBN 3 8068 5108 5

Fotos: Studio Eberle, Axel Ruske
Satz: LibroSatz, Kriftel
Druck: VOD Heidelberg

817 2635 4453 6271

Inhalt

Einleitung

Seit Jahrtausenden wird »Wachs« von den Menschen benutzt. Bis in die neueste Zeit hinein verstand man darunter fast ausschließlich das Bienenwachs. Die Menschen schätzten das Bienenwachs wegen seiner vielen guten und nützlichen Eigenschaften: die leichte Gewinnung durch das Ausschleudern der Bienenwaben, die Brennbarkeit, die Klebekraft, die leichte Verformbarkeit nach dem Erwärmen, die Farbenbindekraft, das Glanzvermögen und die Wasserabweisung. Durch diese Eigenschaften ergaben sich auch die vielfältigen Verwendungsmöglichkeiten. In den letzten hundert Jahren kamen nun eine große Zahl von Chemieprodukten auf den Markt, die heute auch als Wachse bezeichnet werden. Gerade diese Wachse sind es, die heute weit verbreitet verwendet werden. Als Beispiel sei hier nur das Paraffin genannt.
Wachs wird aber nicht nur verwendet, wenn es auch im Endprodukt sichtbar erhalten bleibt wie zum Beispiel bei Kerzen, sondern es dient manchmal auch nur als »Mittel zum Zweck« wie zum Beispiel bei der Batiktechnik, dem Bronzekunstguß nach dem Wachsausschmelzverfahren oder als Grundstoff für das Mumifizieren. Besonders bei der Verwendung als Mumifizierwachs hat es das Bienenwachs möglich gemacht, daß jahrtausendealte Funde noch voll erhalten blieben.
Die dem Wachs innewohnenden Eigenschaften ma-

Alte Wachskunst aus dem 19. Jahrhundert: Eine alte Gießform »Jesuskind« aus Kupferblech getrieben. Ein alter Abguß aus dieser Form. Vor der Entdeckung des Kunststoffes wurden die Formen auf diese Weise hergestellt. Heutzutage in der Nostalgiewelle sind solche alten Stücke teure Raritäten. Ganze Weihnachtskrippen wurden so gegossen und anschließend bemalt und bekleidet.

chen es so zu einem für das Hobby geeigneten Grundstoff. Man kann sogar noch viel weiter gehen. Das Wachs ist wegen seiner Eigenschaften der älteste bekannte Grundstoff für das kreative Hobby, weil es ebenso zum Vergnügen als zum Nutzen der Menschen beiträgt.
Die folgenden Ausführungen sollen eine einfache Einführung in die Grundtechniken geben und damit als nächsten Schritt zur selbständigen kreativen Gestaltung mit dem Werkstoff »Wachs« anregen. Man sollte deshalb nicht beim Kopieren der gezeigten einzelnen Arbeiten verbleiben, sondern rasch dazu übergehen, seine eigenen schöpferischen Kräfte mit diesem herrlichen Werkstoff auszudrücken.

Sämtliche hier gezeigten Arbeiten wurden mit Materialien aus Regina-Wachs-Hobby gestaltet. Das Regina®-Wachs-Hobby-Programm ist im Fachhandel erhältlich.

Die Vorbereitungen

Welche Grundmaterialien sind notwendig?

Man benötigt zum Kerzengießen ein geeignetes Gießwachs, einen Docht und eine Form, in die das Wachs eingegossen wird. Für farbige Kerzen braucht man noch ein Färbewachs, oder man verwendet ein bereits vorgefärbtes Wachs. Die meisten im Fachhandel erhältlichen Gießwachse haben Pastillenform. Dies hat den großen Vorteil, daß die jeweils benötigte Menge einfach dem Beutel entnommen werden kann, ohne vorher noch zerkleinert werden zu müssen.

Der Kerzendocht ist ein baumwollener Zwirnfaden, dessen Qualität wesentlich zum erfolgreichen Gelingen der selbstgefertigten Kerzen beiträgt, da die Brenneigenschaft der Kerze stark vom jeweiligen Docht abhängt. Als Formen zum Kerzengießen sind grundsätzlich alle diejenigen Formen geeignet, die eine glatte Oberfläche haben und eine Eingußtemperatur von ca. 65–70 °C aushalten. Für normale zylindrische Kerzen besonders geeignet sind aber Formen, deren Innenseite aluminiumbeschichtet ist. Als Gießwachs können selbstverständlich auch alle im Haushalt

Kerzengießwachs in Pastillenform ist in vielen Farben erhältlich. Den Beuteln kann man die jeweils gewünschte Menge entnehmen. Durch Mischen der Farben lassen sich noch mehr Farbtöne erzielen, meliert, wenn man die geschmolzene Masse nicht umrührt, oder bei gründlichem Rühren einfarbig.

vorhandenen Kerzenreste verwendet werden. Diese Reste müssen im Wasserbad geschmolzen und anschließend gesiebt werden. Dies geschieht am zweckmäßigsten dadurch, daß das geschmolzene Wachs durch einen alten Nylonstrumpf geleert wird. Das nun so gereinigte Gießwachs hat aber in aller Regel eine unansehnliche graue Mischfarbe. Durch Beimengen von Färbewachs, das es in allen handelsüblichen Farben zu kaufen gibt, kann dieses Wachs nun dem jeweiligen Wunsch entsprechend eingefärbt werden.

Der Arbeitsplatz und die Hilfsmittel

Wie muß der Arbeitsplatz beschaffen sein und welche technischen Hilfsmittel sind notwendig? Als Arbeitsplatz eignet sich jeder Tisch in normaler Arbeitshöhe. Darauf legt man eine Kunststoffplatte oder ein in jedem Haushalt vorhandenes Backblech. Nun benötigt man noch einen Elektrokocher, einen Kochtopf für das Wasserbad sowie einige alte Blech- oder Konservendosen. Als Hilfsmittel benötigt man außerdem ein Küchenmesser, eine Strick- oder Stopfnadel, eine Schere sowie einen Zahnstocher oder eine Spießnadel.

Links oben: Aluminiumbeschichtete Formen und vorgewachste Dochte, die sich leicht verarbeiten lassen.
Links unten: Weißes Gießwachs läßt sich durch Beimengen von Färbewachs beliebig einfärben. Bei Zugabe von wenig Färbewachs werden die Farben pastell.
Rechte Seite:
Benötigt werden eine Kochplatte, ein Topf für das Wasserbad, Konservendosen zum Schmelzen des Wachses, Küchenmesser, Stricknadeln, Schöpflöffel und natürlich Wachs und Gefäße zum Gießen.

Kerzen-Gießformen

Kerzen gießen

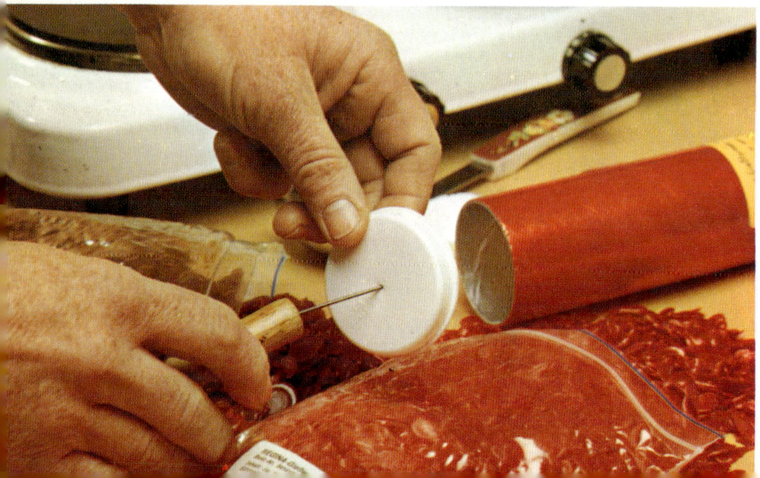

Zunächst muß der Docht hergerichtet werden. Dazu gibt es zwei Möglichkeiten. Man kauft entweder einen bereits vorgewachsten Docht, oder man muß sich seinen ungewachsten Baumwolldocht selbst wachsen. Dies geschieht dadurch, daß man das für die geplante Kerzengröße notwendige Dochtstück durch das geschmolzene Wachs zieht.

Einfache Kerzen

Als Beispiel einer Kerzenform kann eine auf der Innenseite mit einer dünnen Aluminiumfolie beschichtete Papphülse dienen, deren Unterseite aus einem abnehmbaren Kunststoffdeckel besteht. Dieser Deckel wird nun von der Gießform abgenommen und in der Mitte durchstochen. Durch das entstandene Loch fädelt man den gewachsten Docht ein, knotet ihn an der Unterseite fest und drückt den Boden wieder in die Gießform. An der Oberseite der Form durchsticht man nun den Docht mit einer Stricknadel, so daß diese fest auf dem Gießformrand aufsitzt. So bleibt der Docht beim Gießen in der Mitte.

Links: Von der aluminiumbeschichteten Papphülse wird der Kunststoffdeckel entfernt und durchstochen.

Oben links: Der Docht wird durch das Loch im Kunststoffdeckel gefädelt und festgeknotet.

Oben rechts: Der Kunststoffdeckel wird wieder an der Papphülse befestigt.

Unten rechts: Man stellt die Papphülse auf den Deckel und sichert den Docht in der Mitte der Hülse oben mit einer Stricknadel.

Das pastillenförmige Gießwachs wird in Konservendosen gefüllt, wo es im Wasserbad schmilzt. Da das Schmelzen am längsten dauert, beginnt man damit.

Nun muß das Wachs geschmolzen werden. Den Topf füllt man bis zur Hälfte mit Wasser und erwärmt es auf ca. 70–75 °C. Das Gießwachs wird nun in die Blechdose geschüttet und in dem vorbereiteten Wasserbad geschmolzen. Durch das Wasserbad ist gewährleistet, daß keine Überhitzung des Wachses erfolgt und damit alle Gefahren ausgeschaltet sind.

Bei mehrfarbigen Kerzen müssen alle Farben gleichzeitig zum Schmelzen gebracht werden.

Das im Wasserbad geschmolzene Gießwachs wird nun in die Form eingegossen.
Wenn man eine mehrfarbige Kerze in Schichten herstellen will, so muß man nach teilweisem Erkalten des Wachses ein andersfarbiges, bereits geschmolzenes Wachs aufgießen. Da das Wachs beim Erkalten etwas schrumpft, wird empfohlen, nach einiger Zeit etwas Wachs nachzugießen.

Nach einer Abkühlzeit von einigen Stunden (am besten über Nacht) schneidet man den Knoten am Dochtende ab, nimmt den Boden heraus und schiebt die Kerze nun leicht aus der Form.
Sollte die Kerze sich noch nicht leicht herausschieben lassen, so kann man die Form noch etwas in den Kühlschrank stellen. Das Wachs zieht sich dann noch etwas zusammen, und die Kerze kann sodann leicht der Form entnommen werden.

Links: Das geschmolzene Wachs wird in die Form gefüllt.

Unten: Bei mehrfarbigen Kerzen muß das Wachs jeder Farbschicht so weit erkaltet sein, daß sich die nächste Schicht nicht mit der bereits gegossenen vermischt.

Vielerlei Vorschläge für gegossene Kerzen; als Form dient unter anderem eine Margarinedose. Besonders hübsch ist hier erkenntlich auch das Mischen verschiedener Farben zu Pastelltönen. Durch einen kleinen Zusatz von weißem Färbewachs erreicht man besonders gelungene Farbzwischentöne.

Margarine
Margarine

Gegossene Kerzen in allen Formen, klein oder groß, standfest auf jeden Fall. Für Tischdekorationen eignen sich die kleinen am besten, da sie den Blick auf das Gegenüber nicht versperren.

Gegossene Kerzen; als Form dienen Saftdose oder Joghurtbecher. Sehr gut ersichtlich ist hier auch die beschriebene Möglichkeit einer schräg gegossenen Kerze.

Kindersandformen als Gießmodell. In jedem Haushalt gibt es eine reiche Auswahl vorhandener Gießformen.

Hält man die Form schräg, so verläuft die Farbtrennung bei der Kerze schräg. Es ist darauf zu achten, daß nur bei einer Schräge in der entgegengesetzten Richtung ein schildförmiges Muster entsteht. Ein Bleistiftstrich außen an der Gießform erleichtert die Planung.

Schräggegossene Kerzen

Eine interessante und trotzdem einfache Gießtechnik ist die Herstellung einer schräggegossenen Kerze. Diese muß zumindest zweifarbig sein. Die erste Schicht wird – wie schon beschrieben – eingegossen. Dann stellt man zum Abkühlen die Gießform leicht schräg durch Unterlegen der Form. Nach dem Abkühlen der ersten Farbe wird in der Schräglage eine weitere Farbe hinzugegossen.

Sandkerzen

Es soll nun eine besonders reizvolle Formmöglichkeit angesprochen werden: die Sandkerze, Sand und Wachs vereinen sich damit zu einem Mantel. Normaler Sand wird in einen Behälter gefüllt. Nun gießt man etwas Wasser hinzu und vermengt das Wasser mit dem Sand. Die später gewünschte Form der Kerze wird sodann gegraben. In die so entstandene Mulde wird das flüssige Wachs eingegossen. Auf diese Weise können ein- oder mehrfarbige Kerzen hergestellt werden.
Sobald sich das Wachs etwas abgekühlt hat, das heißt eine dicke Hautschicht bildet, steckt man den Docht hinein. Nach dem endgültigen Abkühlen des Wachses nimmt man die so entstandene Sandkerze heraus und bürstet den Überschuß an Sand weg.

Oben: Sand wird in einen Behälter gefüllt und angefeuchtet.

Rechts: Man vermengt das Wasser mit dem Sand.

In die Mitte gräbt man ein Loch, das der gewünschten Form der Kerze entspricht.

Das Wachs wird in das Loch gegossen. Es sollte nur eine Farbe haben.

Die vorgewachsten Dochte steckt man in das etwas abgekühlte Wachs. Mit mehreren Dochten kann man mehrere Brennstellen vorsehen.

Nach völligem Erkalten wird der überschüssige Sand von der Kerze abgebürstet.

Bei Sandkerzen gibt es für eigene Ideen keine Grenzen.

Durch ihr rustikales Aussehen eignen sich Sandkerzen besonders für informelle Geselligkeiten und deftige Dekorationen. Bei Gartenpartys können sie als stimmungsvolle Beleuchtung dienen. Der Vorteil dieser gegossenen Kerzen ist, daß sie farblich der anderen Dekoration angepaßt werden können.

Sandkerze im Großformat als Partykerze. Ein Gehänge aus Makramee ist ebenfalls selbst leicht zu knüpfen. Diese rustikale Kerze bringt besonders im Garten stimmungsvollen Effekt.

Duftkerzen

Jede selbst gegossene Kerze kann man nach dem eigenen Geschmack »duften« lassen. Dazu gibt man in das geschmolzene Wachs einige Tropfen Duftessenz. Maiglöckchenduft im Frühjahr – Veilchenduft im Sommer. Wäre männlich-herben Duftnote »tabac« nicht ein schönes Geschenk?

Schwimmende Kerzen

Schwimmkerzen selbst gemacht – stets ein netter Gag. Da Wachs leichter als Wasser ist und deshalb darauf schwimmt, ist darauf zu achten, daß die Form breiter als hoch ist, damit die Schwimmkerze nicht umkippt. Eine Überraschung für Ihre Gäste beim nächsten Gartenfest.

Da Wachs leichter als Wasser ist, schwimmen diese Kerzen; sie müssen allerdings breit und von geringer Höhe sein.

Kerzen verzieren

Materialien und technische Hilfsmittel

Man benötigt dazu eine glatte, möglichst einfarbige Kerze – entweder selbst hergestellt oder im Fachgeschäft gekauft –, Kerzenverzierwachs, ein Küchenblech bzw. eine kunststoffbeschichtete Platte und dann noch eine Stopfnadel bzw. ein kleines Messer.
Das Kerzenverzierwachs ist im Fachhandel in vielen Einzelfarben und in Form von dünnen Folien bzw. als bereits vorgefertigte Verzierteile (Blüten, Herzchen, Zweige, Kleeblätter usw.) erhältlich.

Was ist beim Verzieren zu beachten?

Es handelt sich tatsächlich um ein »kinderleichtes« Hobby. Das gewünschte Motiv wird mit der Stopfnadel aus der Wachsfolie herausgeschnitten. Die Folie soll sich dabei in einem zimmerwarmen Zustand befinden.

Vorgefertigte Schmuckelemente lassen sich in handwarmem Zustand auftragen und halten ohne Klebemittel.

Aus Wachsfolien in verschiedenen Farben – auch in Gold und Silber – kann man mit einer Stopfnadel beliebige Flächen herausschneiden und damit Kerzen verzieren.
Man kann auch die Kerze mit einer Folie ummanteln und dann scherenschnittähnliche Muster herausritzen.

Die einzelnen Teile werden nun nacheinander auf die Kerze angedrückt, ein Klebemittel ist dabei nicht erforderlich. Durch das Andrücken verbindet sich die Wachsfolie mit der ebenfalls zimmerwarmen Kerze.
Ebenso geschieht es mit den bereits fertigen Wachsdekorteilen. Diese werden handwarm aufgedrückt und somit die Kerze verziert. Weihnachtskerzen oder Haushaltskerzen können auf einfache Weise als Geburtstagskerzen dekoriert werden.
Man kann aber auch den umgekehrten Weg gehen und die Folie um die Kerze wickeln und dann das Muster herausschneiden. Es können selbstverständlich auch beliebige Kombinationen gewählt werden.

Linke Seite: Mit der Stopfnadel aus der Wachsfolie geschnittene Flächen werden in handwarmem Zustand auf die Kerze geklebt. Bei figürlichen Darstellungen empfiehlt sich vor Beginn der Arbeit eine Bleistiftskizze.

Oben: Aus vorgefertigten Schmuckelementen oder nach eigenen Entwürfen kann man mit Wachsornamenten Tischkarten schmücken. Man schreibt den Namen auf das Kärtchen und drückt das Verzierwachs handwarm fest – es hält!

Großflächige Muster

Besonders dekorativ wirken großflächig ausgeschnittene Muster, zum Beispiel Blumenmuster.
Eine ganz neue Idee für Geburtstagskarten. Das fertige Dekor wird einfach auf die Tischkarte geklebt, der Name des Gastes entweder dazugeschrieben oder aus der Verzierwachsfolie herausgeschnitten. Kinder haben daran großen Spaß.

Wie wäre es mit einer mit dem Namen oder den Initialen verzierten Kerze für Geburtstag oder sonstige Anlässe?
Die Buchstaben können entweder selbst ausgeschnitten oder in Gießformen gegossen werden, die als geschlossenes Alphabet im Handel erhältlich sind.

Eine Geburtstagstorte mit selbst verzierten Geburtstagskerzen geschmückt, läßt jedes Kinderherz höherschlagen.

Vorschlag einer individuell gestalteten Geburtstags- bzw. Jubiläumskerze.

Hier wurden nur vorgefertigte, im Fachhandel erhältliche Teile verwendet. Einfach anzuwenden und trotzdem sehr wirkungsvoll.

Rechte Seite: Kinder haben hier ihrer Phantasie freien Lauf gelassen. Der Gestalter der beiden linken Kerzen ist 9 Jahre alt.

Immer neue Ideen können durch eigenes Arbeiten mit Verzierwachsfolien Wirklichkeit werden.

Eine Münzkerze; ein originelles, persönliches Geschenk.

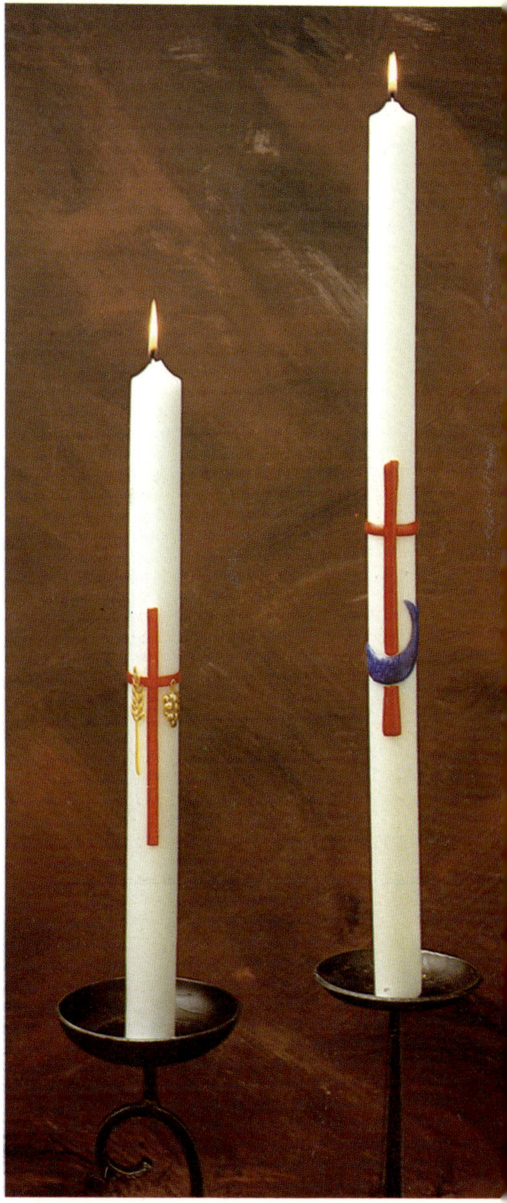

Verzierte Kerzen mit religiösen Motiven für Hochzeit, Erstkommunion und Taufe.

Verzieren mit getrockneten Pflanzen

Eine weitere Gestaltungsmöglichkeit einer Kerze soll hier noch erwähnt werden: verzieren mit getrockneten Blumen oder Gräsern. Getrocknete, gepreßte Blümchen oder Gräser werden mit handelsüblichem Klebstoff auf die Kerze aufgeklebt; die verzierte Kerze wird nun noch in farbloses Wachs getaucht.

Verzierte Biedermeierkerze

Eine weiße Verzierwachsfolie wird oval ausgeschnitten und auf die Kerze aufgedrückt. Der Abschluß des Ovals wird mit vorgefertigten Blümchen und Zweigchen verziert.
Den Scherenschnitt schneidet man aus schwarzer Verzierwachsfolie aus und drückt ihn in die Mitte. Somit entsteht ein hübsches Bild. Scherenschnitte bieten viele Gestaltungsmöglichkeiten.

Geometrisch verzierte Kerzen

Mit dem Stechzirkel werden dabei die runden Formen gezeichnet. Bei den ovalen Figuren ist es empfehlenswert, zunächst eine Papierschablone zu schneiden.

Tropfkerzen

Seit Jahren schon werden Tropfkerzen in leere Flaschen gesteckt und bilden einen reizvollen Tischschmuck. Solche Tropfkerzen kann man leicht selbst herstellen. Als Grundmaterial dient eine einfache glatte Haushaltskerze. Nach Lust und Laune wird diese Haushaltskerze mit Resten von Knetwachs oder Kerzenverzierwachs bunt beklebt. Durch mehrmaliges Eintauchen in das flüssige Wachs erhält das ganze »Kunstwerk« die notwendige Stabilität.
Es ist dabei zu beachten, daß zwischendurch die Kerze immer wieder gut abgekühlt werden muß. Diesen Vorgang kann man durch Eintauchen in kaltes Wasser beschleunigen. Die fertige Tropfkerze steckt man in eine bauchige Flasche. Beim Anzünden der Kerze tropft der Wachsüberschuß ab und ergibt auf der Flasche bizarre Tropfengebilde.

Tropfkerzen schnell und einfach: Man drückt Knetwachs in verschiedenen Farben auf eine Haushaltskerze und taucht sie dann in geschmolzenes Wachs.

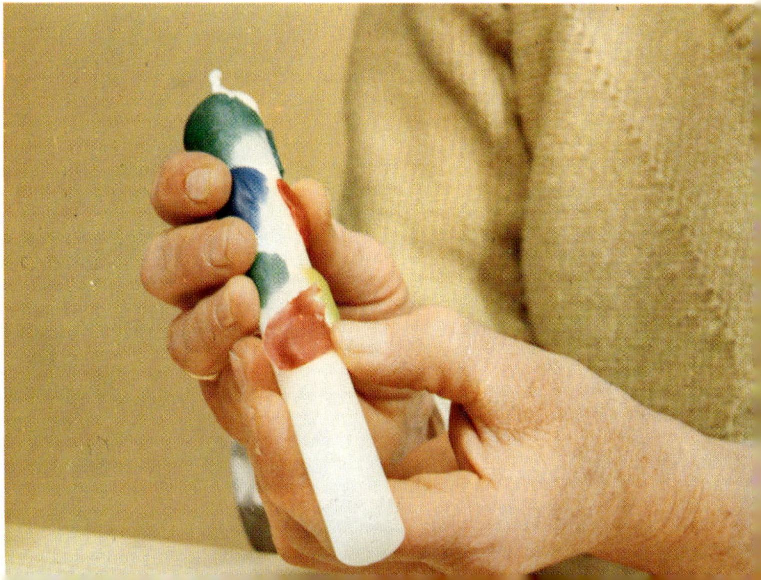

Links oben:
Nachdem die Haushaltskerze mit verschiedenfarbigem Knetwachs bedeckt wurde, taucht man sie in geschmolzenes Wachs.

Rechts oben: Hier ist deutlich zu sehen, wie das Wachs die Kerze mit einer Schicht überzieht.

Links unten: Damit die Kerze schnell abkühlt, wird sie in kaltes Wasser getaucht.

Oben: Diese Tropfkerzen wirken in fertigem Zustand recht unansehnlich. Sie dürfen natürlich nur in einen Kerzenhalter gesteckt werden, der das herunterfließende Wachs gut zur Geltung bringt.

Rechts: Der Effekt kommt beim Brennen. Besonders in Flaschen tropfen die Wachsbahnen zu bizarren Mustern. Und dann wirken die selbstgefertigten Tropfkerzen sehr dekorativ.

Knetwachs als Schmuckelement

Bei Knetwachs handelt es sich um ein Hobbymaterial, aus dem im zimmerwarmen Zustand lustige Figuren, Blumen, Engelköpfe, Tiere selbst geknetet werden können. Das Knetwachs ist in vielen Farben in kleinen Täfelchen im Fachhandel erhältlich. Ein schönes Anwendungsgebiet des Knetwachses sind zum Beispiel Rosenkerzen. Ein passendes, persönliches Geschenk für vielerlei Anlässe.

Rechte Seite:
Oben links: Knetwachs ist ein ideales Material, um Kerzen zu verzieren. Es ist in Platten in verschiedenen Farben erhältlich.

Oben rechts: Röschen fertigt man, indem man das Knetwachs zu rundlichen, dünnen Blättchen mit dickeren Rändern – für die Blüten – formt.

Unten links: Wie Filigran wirken die fertig gekneteten Rosetten.

Unten rechts: Viele Rosen zu einem dekorativen Strauß vereint. Zum Schutz kann man die fertige Kerze mit farblosem Lack bepinseln oder mit Haarspray übersprühen.

Eine Kombination aus Knetwachs und Verzierwachsfolie kann man an diesen beiden Kerzen erkennen. Auch ist Anwendung der verschiedenfarbigen Wachsfolien sehr gut ersichtlich.

REGINA-
Wachs-Hobby
Nr. 3406
- Knetwachs -

Lustige Figuren aus Knetwachs werden gerne von Kindern – auch im Kindergarten – gestaltet.

Bezopfte Knetwachskerzen sind sehr dekorativ. Aus Knetwachs werden dicke Zöpfe geflochten und um eine normale Kerze gelegt.

Verwendung in der Therapie

Seit einiger Zeit findet Knetwachs auch in der Therapie nach Handverletzungen Verwendung. Hier kneten Patienten individuelle größere Stücke intensiv durch, um die Muskulatur wieder zu kräftigen.

Tauchen mit Tauchwachs

Als Grundmaterial dient auch hier das bereits vorgestellte Gießwachs. Auch der Färbevorgang mit Färbewachs ist derselbe. Es muß nur wesentlich mehr Färbewachs dem geschmolzenen Grundmaterial zugegeben werden, um einen intensiven Farbton zu erzielen. Die weiße Kerze wird nun kurz in das Färbewachs eingetaucht und nach dem Herausziehen in ein bereitgestelltes Gefäß mit kaltem Wasser gelegt. Durch dieses »Abschrecken« erhält die Kerze einen schönen Mattglanz. Man kann selbstverständlich auch abgestuft in verschiedenen Farben tauchen.

Wattekugeln oder Strohblumen werden in verschiedenfarbiges Wachs getaucht und wirken sehr dekorativ.

Selbst weiße Küchenkerzen kann man mit Tauchwachs verschieden einfärben.
Man taucht die Kerze ganz in die hellste Farbe, anschließend bis zu einem Drittel oder wie man es will in die nächstdunkle und am Schluß den Fuß der Kerze in die dunkelste Farbe.

Links: Wachsüberzogene Wattekugeln werden mit Blumendraht zu einem Kranz geflochten und ergeben einen farblich abgestimmten Kerzenleuchter.

Neue Ideen zum Osterstrauß: Weiße Watteeier werden in farbiges Wachs getaucht. Nach dem Erkalten werden sie mit fertigem Wachsdekor verziert. Oder man schneidet Ostermotive aus Verzierwachs aus und drückt sie auf. Der Faden zum Aufhängen wird in das kleine Loch eingesteckt und dies dann mit Wachs verschlossen. So können Sie einen Osterstrauß gestalten.

Getauchte Wattekugeln

Im Fachhandel erhältliche Wattekugeln (nicht Styroporkugeln) werden in farbiges Wachs getaucht. Hübsch dekoriert mit einer dazu farblich passenden Kerze ergibt dies einen ausgefallenen Tischschmuck.
Eine weitere Idee: Die in Wachs getauchten Wattekugeln werden mit Blumendraht zu einem Kranz geflochten und harmonieren so bestens mit der farblich darauf abgestimmten selbstgegossenen Kerze.

Kerzen ziehen

Man taucht dabei den Docht in das geschmolzene Wachs und wiederholt nach einer gewissen Abkühlungszeit diesen Vorgang immer wieder. Der Docht nimmt jedesmal eine weitere dünne Wachsschicht auf. Nach langer Zeit ergibt sich auch auf diese Weise eine gewisse Kerzenstärke. Das Ganze ist natürlich ein langwieriger Vorgang im Vergleich zur vorher dargestellten Möglichkeit des Kerzengießens.

Kerzen zu ziehen ist langwieriger als zu gießen. Je nach gewünschter Dicke taucht man sie 6- bis 50mal in das Wachs und läßt jede Schicht antrocknen. Gezogene Kerzen sind besonders hübsch in Blumengestecken.

Bemalte Kerzen

Bemalte Kerzen – höchst individuell. Dabei werden normale trockene Deckfarben verwendet.

Eine nette Idee – ähnlich der Bauernmalerei – stellt das Bemalen der Kerze dar. Ehe man mit dem Auftragen der normalen Deckfarbe beginnen kann, muß der leichte Fettfilm auf der Kerze mit Seifenschaum abgewischt werden. Die Deckfarbe soll aber möglichst trocken aufgetragen werden. Nun kann man passend zum Leuchter oder zu sonstigen Einrichtungsgegenständen die Kerze mit Motiven schmücken. Durch Überpinseln mit farblosem Lack kann die getrocknete Farbe auf dem Wachs noch zum Glänzen gebracht werden.

Wachsreliefs

Wer etwas bildhauerisches Geschick hat, kann aus dem leicht modellierbaren Werkstoff Wachs eigene Plastiken schnitzen und modellieren. Das können Engelsköpfchen sein, Blüten, Gegenstände des täglichen Lebens oder Tiere.

Am einfachsten lassen sich Reliefs und Wachsbilder in vorgefertigten Formen gießen. Dabei wird das Wachs wie beim Kerzengießen im Wasserbad geschmolzen. Will man das Wachsbild anschließend patinieren, entweder in braun oder schwarz, so empfiehlt sich, das Wachs mit Färbewachs einzufärben. Es paßt zu schwarzer Patina dunkelrotes Wachs und zu brauner Patina natur- bzw. bienenwachsgelbes Wachs.
Ehe man nun das geschmolzene Wachs in die Form gießt, muß diese eben liegen. Dies erreicht man dadurch, daß man die Form aufs Wasser legt; die Form schwimmt. Außerdem ist es zu empfehlen, das Wachs langsam in die Form zu gießen, damit keine Luftblasen eingeschlossen werden.
Ist die Form nun ganz mit Wachs gefüllt, so läßt man sie in Ruhe abkühlen – am besten über Nacht. Das Wachsbild nimmt man dann vorsichtig aus der Form. Mit einem kleinen, scharfen Messer schneidet bzw. schabt man überstehende Ränder ab. Je nach Geschmack streicht man dann die Wachspatina auf (siehe Kapitel Patinieren).

Früher trieb man die Formen in Kupfer. Diese Formen haben den Vorteil, daß sie sich nicht verbiegen und dauerhaft sind.

Linke Seite:
Beispiele von vorgefertigten Wachsmodellen

Die Kunststofform wurde zuerst mit einem geölten Läppchen ausgerieben, dann mit bienenwachsfarbenem Wachs eingegossen. Nach dem Erkalten wurden die überstehenden Wachsränder sorgfältig abgeschabt. Der Holzcharakter entsteht durch Einreiben mit Holzbeize, die nach dem Trocknen noch mit einer Bürste poliert wird.

Möchte man aber das Wachsbild bemalen (mit Deckfarbe), so ist es empfehlenswert, das Bild weiß zu gießen (Wachs und weißes Färbewachs). Ehe man mit dem Bemalen beginnt, muß der leichte Fettfilm auf dem Wachs mit Seifenschaum abgewischt werden. Sodann läßt sich das Wachs mit jeder handelsüblichen Deckfarbe bemalen. Durch überpinseln mit farblosen Lack kann die getrocknete Farbe auf dem Wachs noch zum Glänzen gebracht werden.
Ebenso wie diese Kunststofformen kann man auch Holzmodel für Lebkuchen und Springerle mit Wachs ausgießen. Dabei muß man die Formen dünn mit normalem Speiseöl auspinseln, ehe man das Wachs eingießt.
Es lassen sich aber auch Negativformen mit Silikonkautschuk machen. Zur Verarbeitung mit Silikonkautschuk gehört aber schon Erfahrung.

Oben: Formen zuerst leicht einölen, dann mit Wachs ausgießen. Das Blumenbild links wurde mit Deckfarbe bemalt (Fettfilm mit Seifenschaum abwischen), dann lackiert. Die anderen Reliefs wurden bronziert.

Unten: Auch hier wurden die Formen zuerst eingeölt und dann mit Wachs eingegossen. Das fertige Bild wird entweder patiniert (Madonna) oder mit Holzbeize gebeizt.

Rechte Seite:
Ehe man die Form mit Wachs ausgießt, wurde sie leicht eingeölt. Das gegossene Relief wurde zuerst patiniert und dann bemalt. Diese Reihenfolge ist sehr wichtig, da sonst die Patina die Farbe wieder ablöst. Damit die Farben schön und leuchtend erscheinen, wurden die Reliefs noch lackiert (Haarspray).

Aufhängen

Bei schweren Wachsbildern, z. B. Madonnen, besorgt man sich im Bastelgeschäft Bilderaufhänger. Diese werden mit den dazu passenden Schrauben langsam in das Wachs eingeschraubt.
Bei leichten und kleinen Bildchen befestigt man auf der Rückseite eine hübsche, farblich dazu passende Kordel oder ein Samtband. Dabei schabt man zuerst auf der Rückseite vorsichtig ein kleines Loch; in dieses legt man die Kordelenden und tropft dann etwas flüssiges Wachs darauf. Sobald das Wachs erstarrt ist, sitzt das Band fest in dem Bild.

Wachsschnitzen

Es ist im Gegensatz zu Holz- und Linolschnitten sehr einfach, Wachsplatten aus Regina-Gießwachs zu schneiden oder zu schnitzen. Als Werkzeug genügt jeder scharfe Gegenstand, wie Nagel, Küchenmesser oder gar Holzstab. Wenn man ein scharfes Schnitzmesser (oder Linolmesser) benützt, kann man ganze Figuren aus der Wachsplatte herausarbeiten. Schnitzen aus Wachs bringt auch keinen Materialverlust, da das Wachs wieder eingeschmolzen werden kann.
Das geschnitzte Kunstwerk kann – wie schon beschrieben – auch bemalt oder patiniert werden.

Rechts: Die Formen wurden vor dem Eingießen leicht eingeölt. Nach dem Erkalten und Herausnehmen aus der Form wurden sie mit Goldbronze verziert.

Rechte Seite:
Diese sehr anspruchsvollen Reliefs wurden zuerst eingeölt, dann eingegossen. Der Farbton war in diesem Fall ein kräftiges Lila (mit Regina-Färbewachs gefärbt) oder ein zartes Hellblau (Regina-Färbewachs blau und weiß gemischt). Diese verspielten Motive eignen sich gut zum Verzieren mit Goldbronze.

PVY
RAG
PEH

Selbstgebastelter Christbaumschmuck. Diese Gießformen gibt es im Fachhandel zu kaufen. Ein kleiner Tip: Man läßt die Gießform in einer Schüssel mit kaltem Wasser schwimmen und gießt das Wachs darin ein. So kann das eingegossene Wachs nicht auslaufen.

Rechte Seite:

Will man die Kerze oder das Wachsbild künstlich altern, bestreicht man sie mit Patinierflüssigkeit, die nach dem Trocknen abgewischt wird.

Patinieren von Kerzen und Wachsreliefs

Das Grundmaterial – Patinierflüssigkeit – ist im Fachhandel in den Farben braun, schwarz und grün erhältlich. Durch Verwendung von Patinierflüssigkeit kann sowohl bei Reliefs als auch bei Kerzen ein besonders reizvoller Effekt erzielt werden.
Die Patinierflüssigkeit wird nach gutem Schütteln der Flasche mit einem Pinsel auf die Kerze oder das Relief aufgetragen.
Nach dem Trocknen wird das mit Patina bestrichene Teil mit einem mit Terpentinölersatz angefeuchteten Lappen vorsichtig abgewischt, um die überschüssige Patina zu entfernen. Die Patina bleibt in den Vertiefungen zurück und gibt dem fertigen Stück den gewünschten antiken Effekt.

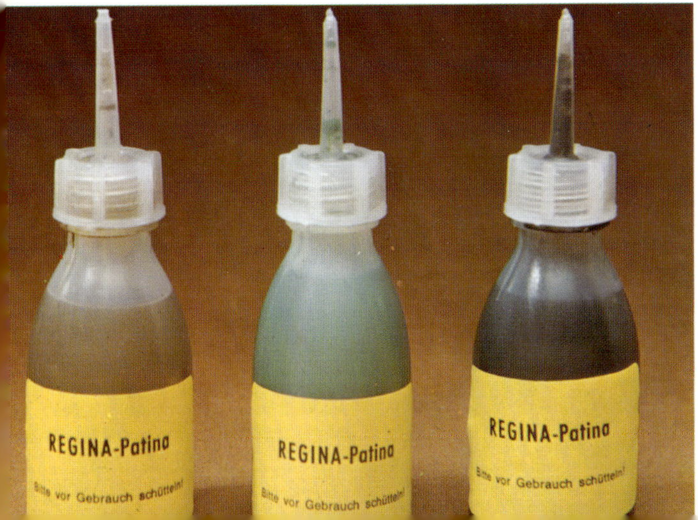

Gerollte Kerzen

Aus Bienenwabenplatten gerollte Kerzen

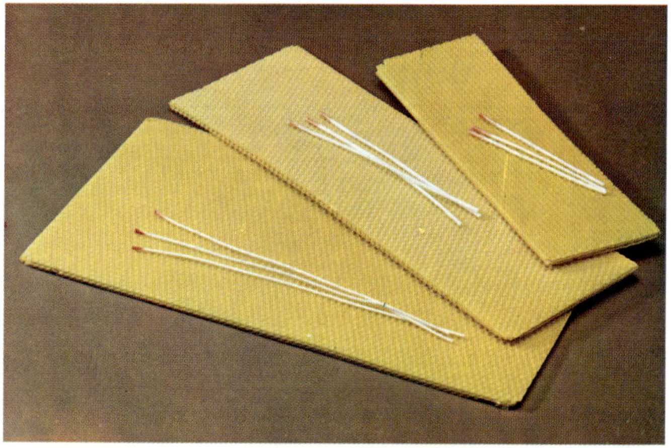

Es finden Verwendung die im Fachhandel oder bei den Bienenzüchtern verwendeten Bienenwabenplatten. Die Wabenblätter sind im Fachhandel in verschiedenen Größen, jeweils zusammen mit den notwendigen Dochten, erhältlich. Für Bienenwachs braucht man wesentlich dickere Dochte als für die sonstigen Kerzen, um ein befriedigendes Abbrennen zu erzielen.
Bei dieser Technik ist es besonders wichtig, darauf zu achten, daß die Wabenblätter gut zimmerwarm sind. Der Kerzendocht wird an das äußerste Ende des Wabenblattes fest angedrückt. Auf der anderen Seite soll der Docht etwa 1 cm zum Anzünden überstehen. Man rollt dann auf einer Unterlage das Wabenblatt unter leichtem Druck um den Docht bis zum Ende auf. Das Ende des Wabenblattes wird fest an die aufgerollte Kerze angedrückt. Durch entsprechendes Zuschneiden der Wabenblätter können die verschiedensten Kerzenformen hergestellt werden.

Bienenwabenplatten und Dochte sind im Handel erhältlich. Damit sie gerollt werden können, müssen sie gut zimmerwarm sein.

Der Kerzendocht wird an das äußere Ende des Wabenblatts fest angedrückt und muß an einer Seite etwa 1 cm überstehen. Man rollt die Kerze nun unter leichtem Druck auf. Soll die Kerze eine spiralenförmige Form bekommen, so schneidet man von der Wabenplatte ein entsprechendes Dreieck ab.
Wenn man ein sehr flaches Dreieck abschneidet, ergibt sich eine pyramidenförmige Kerzenspitze.

Aus Wachsplatten gerollte Kerzen

Aus farbigem Wachs gießt man eine Wachsplatte – am besten in einer Kuchenkastenform. Nach dem Erkalten wird die Wachsplatte durch Stürzen der Form entnommen. Um die Wachsplatte um den Docht rollen zu können, muß sie geschmeidig und biegsam gemacht werden – das heißt man legt sie für einige Zeit in lauwarmes Wasser. Diese Technik kann mit dem Rollen der Bienenwabenblätter verglichen werden.

Wachsplatten gießt man in beliebigen Farben in Kuchenkasten- oder ähnliche Formen. Um sie zum Rollen geschmeidig zu machen, werden sie ein paar Minuten in warmes Wasser gelegt.

Die aparten weißen Flecken ergeben sich, wenn man mit dem Finger kleine Dellen in das noch weiche Wachs drückt und sie vorsichtig mit weißem Wachs ausgießt.

Kerzen aus Wachspastillen

Einfach und trotzdem sehr dekorativ ist es, die bereits eingefärbten Wachspastillen in Gefäße wie z.B. in hübsche Gläser oder Schalen einzufüllen. Der bereits vorgewachste und somit in sich stabile Docht muß nur noch auf die notwendige Länge geschnitten werden und wird in die Wachspastillen hineingesteckt. Je nach Größe des Gefäßes können so eine beliebige Anzahl von Brennstellen geschaffen werden. Der Abstand zwischen den einzelnen Dochten sollte aber mindestens 10 bis 15 cm betragen

Links: Durchsichtige Gefäße wie Gläser füllt man mit Wachspastillen und steckt einen oder mehrere gewachste Dochte hinein – eine stimmungsvolle Beleuchtung.

Rechte Seite:
Farbige Wachspastillen im selbstgebastelten Weihnachtsstern ergeben einen wohlgelungenen Tischschmuck (feuerfeste Unterlage nicht vergessen).

Ummantelte Kerzen

Das Muster wird in Form eines Reliefs gegossen und anschließend patiniert. Damit das Relief ohne Brechen um die runde Kerze gelegt werden kann, ist es notwendig, das fertige Wachsrelief in lauwarmem Wasser biegsam zu machen. Zur Befestigung dieses »Mantels« streicht man etwas Klebewachs auf die Kerze und drückt nun das noch lauwarme Relief um die Kerze.
Die Reliefs können ganz einfach hergestellt werden, indem man mit verschiedenen dicken, leicht angespitzten Holzstäbchen Muster in Wachsborten ritzt. Das kann ein Netzwerk sein von geraden Linien. Man kann Kreise nebeneinander oder ineinander ausritzen, Schlangenlinien, Mäander, Ranken oder was einem sonst in den Sinn kommt.
Andere Arten von Reliefs sind im Kapitel »Wachsreliefs« beschrieben.

Links: Bei dieser Reliefkerze wurde eine farblich passend gegossene Kerze mit einer Reliefplatte umgeben. Der Mantel wird mit Klebewachs befestigt.
Einfache Muster aus Vertiefungen und Erhebungen, die im Kerzenschein sehr plastisch wirken, kann man mit einer Stricknadel aus der Wachsplatte graben.

Für jeden etwas...

Praktische Gebrauchsbücher stehen Ihnen, lieber Leser, mit Rat und Information zur Seite, wenn es darum geht, Fragen des täglichen Lebens zu beantworten.
Die hervorragende Sachkenntnis und die verständliche Sprache unserer Fachautoren sind ebenso selbstverständlich wie die sorgfältige Ausstattung unseres großen Buchprogramms.
Damit bietet Ihnen der Falken-Verlag Bücher zum Lesen und Nachschlagen, mit denen Sie Ihr Leben aktiv und erfolgreich gestalten können.

Trockenblumen und Gewürzsträuße
(Best.-Nr. 5084) DM 9,80

Kleingebäck
(Best.-Nr. 5089) DM 9,80

Phantasieblumen
(Best.-Nr. 5091) DM 9,80

Brotspezialitäten
(Best.-Nr. 5088) DM 9,80

Raffinierte Steaks
(Best.-Nr. 5043) DM 9,80

Schmuck und Objekte aus Metall und Email
(Best.-Nr. 5078) DM 16,80

Spanische Küche
(Best.-Nr. 5037) DM 9,80

Zugeschaut und mitgebaut 1 – 4
(Best.-Nr. 5031, 5061, 5077, 5093)
je DM 14,80

Kalte Happen und Partysnacks
(Best.-Nr. 5029) DM 9,80

Gemüse und Kräuter
(Best.-Nr. 5024) DM 9,80

Hobby Holzschnitzen
(Best.-Nr. 5101) DM 14,80

Kinder lernen spielend kochen
(Best.-Nr. 5096) DM 9,80

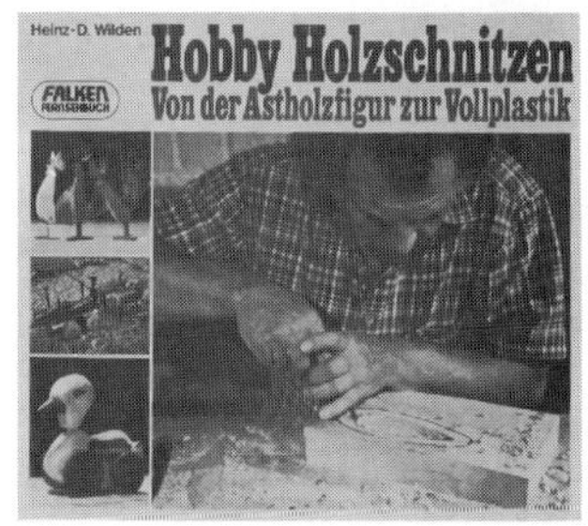

Das neue Hundebuch
(0009) Von W. Busack, überarbeitet von Dr. med. vet. A. Hacker, 104 S., zahlreiche Abb. auf Kunstdrucktafeln, kart., DM 6,80

Mietrecht
Leitfaden für Mieter und Vermieter
(0479) Von Johannes Beuthner, 196 S., kart., DM 12,80

Scheidung und Unterhalt
nach dem neuen Eherecht
(0403) Von Rechtsanwalt H.T. Drewes, 104 S., mit Karten und Unterhaltstab., kart., DM 7,80

Der neue Briefsteller
(0060) Von I. Wolter-Rosendorf, 112 S., kart., DM 5,80

Die erfolgreiche Bewerbung
(0173) Von W. Manekeller, 152 S., kart., DM 8,80

Verse fürs Poesiealbum
(0241) Von Irmgard Wolter, 96 S., 20 Abb., kart., DM 4,80

Knobeleien und Denksport
(2019) Von Klas Rechberger, 142 S., viele Zeichnungen, kart., DM 7,80

Heimwerker-Handbuch
Basteln und Bauen mit elektrischen Heimwerkzeugen
(0243) Von Bernd Käsch, 204 S., 229 Fotos und Zeichnungen, kart., DM 9,80

Großes Rätsel-ABC
(0246) Von H. Schiefelbein, 416 S., gbd. DM 16,80

Stricken, häkeln, loopen
(0205) Von Dr. Marianne Stradal, 96 S., 100 Abb., kart., DM 5,80

Tennis
Technik – Taktik – Regeln
(0375) Von Harald Elschenbroich, 112 S., 81 Abb., kart., DM 6,80

Wie soll es heißen?
(0211) Von Dr. Köhr, 88 S., kart., DM 5,80

Beliebte und neue
Kegelspiele
(0271) Von Georg Bocsai, 92 S., 62 Abb., kart., DM 4,80

Vorbereitung auf die Geburt
Schwangerschaftsgymnastik, Atmung, Rückbildungsgymnastik
(0251) Von Sabine Buchholz, 112 S., 98 Fotos, kart., DM 6,80

Spaß am Laufen
Jogging für die Gesundheit
(0470) Von Werner Sonntag, 120 S., 36 Abb., kart., DM 6,80

Glückwünsche, Toasts und Festreden zur Hochzeit
(0264) Von Irmgard Wolter, 88 S., kart., DM 4,80

Spielend Schach lernen
(2002) Von Theo Schuster, 128 S., kart., DM 6,80

Spiele für Kleinkinder
(2011) Von Dieter Kellermann, 80 S., kart., DM 5,80

Selbst tapezieren und streichen
(0289) Von Dieter Heitmann und Jürgen Geithmann, 116 S., 67 Abb., kart., DM 6,80

Von der Verlobung zur Goldenen Hochzeit
Vorbereitung – Festgestaltung – Glückwünsche
(0393) Von Elisabeth Ruge, 120 S., kart., DM 6,80

Bruce Lees Kampfstil 2
Selbstverteidigungs-Techniken
(0486) Von Bruce Lee, M. Uyehara, 128 S., 310 Fotos, kart., DM 9,80

Pilze
erkennen und benennen
(0380) Von J. Raithelhuber, 136 S., 106 Farbfotos, kart., DM 9,80

Falken-Handbuch Pilze
Mit über 250 Farbfotos und Rezepten
(4061) Von Martin Knoop, 276 S., 250 Farbfotos, 28 Zeichnungen, gbd. DM 36,–

Ziervögel
in Haus und Voliere
Arten · Verhalten · Pflege
(0377) Von Horst Bielfeld, 144 S.,
32 Farbfotos, kart., DM 9,80

Beeren und Waldfrüchte
erkennen und benennen –
eßbar oder giftig?
(0401) Von J. Raithelhuber, 136 S.,
90 Farbfotos, 40 s/w, kart., DM 16,80

Arzneikräuter und Wildgemüse
erkennen und benennen
(0459) Von J. Raithelhuber, 140 S.,
108 Farbfotos, kart., DM 12,80

Tee für Genießer
(0356) Von Marianne Nicolin, 64 S.,
4 Farbtafeln, kart., DM 5,80

Fred Metzlers
Witze mit Pfiff
(0368) 120 S., Taschenbuchformat,
kart., DM 5,80

Selbst Brotbacken
mit über 50 erprobten Rezepten
(0370) Von Jens Schiermann, 80 S.,
mit 6 Zeichnungen und 4 Farbtafeln,
kart., DM 6,80

Kalorien · Joule
Eiweiß · Fett · Kohlenhydrate
tabellarisch nach gebräuchlichen
Mengen
(0374) Von Marianne Bormio, 88 S.,
kart., DM 4,80

Zimmerpflanzen
(5010) Von Inge Manz, 64 S.,
98 Farbabb., Pbd. DM 9,80

Die 12 Sternzeichen
Charakter, Liebe und Schicksal
(0385) Von Georg Haddenbach,
160 S., gbd., DM 9,80

Möbel aufarbeiten, reparieren und pflegen
(0386) Von E. Schnaus-Lorey,
96 S., 104 Fotos und Zeichnungen,
kart., DM 6,80

Selbst Wahrsagen mit Karten
Die Zukunft in Liebe, Beruf und
Finanzen
(0404) Von Rhena Koch, 112 S.,
viele Abb., Pbd., DM 9,80

Einkochen
nach allen Regeln der Kunst
(0405) Von Birgit Müller, 96 S.,
8 Farbtafeln, kart., DM 6,80

Die besten
Tierwitze
(0496) Herausgegeben von
Peter Hartlaub und Silvia Pappe,
112 S., 25 Zeichnungen, kart., DM 5,80

Tauchen
Grundlagen – Training – Praxis
(0267) Von W. Freihen, 144 S.,
71 Fotos und Farbtafeln, kart., DM 9,80

Moderne Schmalfilmpraxis
Ausrüstungen · Drehbuch · Aufnahme
Schnitt · Vertonung
(4043) Von Uwe Ney, 328 S., mit über
200 Abb., teils vierfarbig,
gbd., DM 29,80

Windsurfing
Handbuch für Grundstein und Praxis
(5028) Von Calle Schmidt, 64 S.,
über 50 Abb., durchgehend vierfarbig,
Pbd., DM 9,80

Reiten
Vom ersten Schritt zum Reiterglück
(5033) Von Herta F. Kraupa-Tuskany,
64 S., mit vielen Zeichnungen und
Farbabb., Pbd., DM 9,80

Die Selbermachers
renovieren ihre Wohnung
(5013) Von Wilfried Köhnemann,
148 S., 374 Farbabb., Zeichnungen
und Fotos, kart., DM 14,80

Bauernmalerei
leicht gemacht
(5039) Von Senta Ramos, 64 S.,
78 vierfarbige Abb., Pbd., DM 9,80

Großes Getränkebuch
Wein · Sekt · Bier und Spirituosen
aus aller Welt, pur und gemixt
(4039) Von Claus Arius, 288 S.,
mit Register, 179 teils großformatige
Farbfotos, Schuber, gbd., DM 58,–

Die besten
Ostfriesenwitze
(0495) Herausgegeben von
Onno Freese, 112 S., 17 Zeichnungen,
kart., DM 5,80

Moderne Fotopraxis
Bildgestaltung · Aufnahmepraxis ·
Kameratechnik · Fotolexikon
(4030) Von Wolfgang Freihen, 304 S.,
mit 244 Abb., davon 50 vierfarbig,
Balacron mit vierfarbigem Schutzumschlag, abwaschbare Polyleinprägung, DM 29,80

Falken-Handbuch spielen
drinnen und draußen, für jung und alt
(4034) Von Heinz Görz, 430 S.,
mit 370 farbigen Zeichnungen,
gbd., DM 36,–

CB-Code
Wörterbuch und Technik
(0435) Von Richard Kerler, 120 S.,
mit technischen Abb., kart., DM 7,80

Münzen
Ein Brevier für Sammler
(0353) Von Erhard Dehnke, 128 S.,
30 Abb. – teils farbig –, kart., DM 9,80

Naive Malerei
leicht gemacht
(5083) Von Felizitas Krettek,
64 S., 76 Farbfotos, Pbd., DM 9,80

Balkons in Blütenpracht
zu allen Jahreszeiten
(5047) Von Nikolaus Uhl, 64 S.,
82 vierfarbige Abb., Pbd., DM 9,80

Grillen
drinnen und draußen
(4047) Von Claus Arius, 152 S.,
30 Farbtafeln in flexiblen Karton,
gbd., DM 12,80

Moderne Korrespondenz
(4014) Von H. Kirst und W. Manekeller,
570 S., gbd., DM 39,–

Die Frau als Hausärztin
(4072) Von Dr. med. Anna Fischer-Dückelmann, 808 S., 16 Farbtafeln,
174 Fotos, 238 Zeichnungen, DM 58,–

Kalte Platten
(4064) Von Maître Pierre Pfister,
240 S., 135 großformatige Fotos,
gbd., DM 48,–

Judo
Grundlagen-Methodik
(0305) Von Mahito Ohgo, 204 S.,
mit 1025 Fotos, kart., DM 14,80

Sportfischen
Fische – Geräte – Technik
(0324) Von Helmut Oppel, 144 S.,
mit 49 Fotos, Abb., und 8 Farbtafeln,
kart., DM 9,80

Katzen
Rassen · Haltung · Pflege
(4216) Von Brigitte Eilert-Overbeck,
96 S., 82 großformatige Fotos,
Pbd., DM 19,80

Das Aquarium
Einrichtung, Pflege und Fische für
Süß- und Meerwasser
(4029) Von Hans J. Mayland, 334 S.,
mit über 415 Farbabb. und Farbtafeln
sowie 150 Zeichnungen und Skizzen,
gbd., DM 36,–

Hunde-Ausbildung
Verhalten – Gehorsam – Abrichtung
(0346) Von Prof. Dr. R. Menzel,
96 S., 18 Fotos, kart., DM 7,80

Faszinierende Formen und Farben
Kakteen
(4211) Von Katharina und Franz Schild,
96 S., 127 großformatige Farbfotos,
Pbd., DM 19,80

Astrologie
Charakterkunde – Schicksal, Liebe
und Beruf – Berechnung und
Deutung von Horoskopen-
Aszendenttabelle
(4068) Von B. A. Mertz, mit einem
Geleitwort von Hildegard Knef, 342 S.,
mit erläuternden Grafiken,
gbd., DM 29,80

Das farbige Kinderlexikon
von A–Z
(4059) Herausgegeben von
Felicitas Buttig, 392 S., 386 farbige
Abb., Pbd., DM 29,80

Die hier vorgestellten
Bücher sind nur eine
Auswahl aus unserem großen
Ratgeber- und Sachbuch-
programm.
Bitte fordern Sie unser
kostenloses Gesamt-
verzeichnis an.

Falken-Verlag GmbH · Postfach 1120
D-6272 Niedernhausen/Ts.